To/Para:

_____

From/De:

_____

Date/Fecha:

_____

Yes, Jesus loves me for the Bible tells me so.
Sí, Jesús me ama porque la Biblia me lo dice.

Mommy, Where Is Daddy?

Mami Donde Esta Papi?

Louise Guillebeau Wade

WestBow Press books may be ordered through booksellers or by contacting:

WestBow Press
A Division of Thomas Nelson & Zondervan
1663 Liberty Drive
Bloomington, IN 47403
www.westbowpress.com
844-714-3454

ISBN: 978-1-6642-9961-0 (sc)
ISBN: 978-1-6642-9962-7 (hc)
ISBN: 978-1-6642-9963-4 (e)

Library of Congress Control Number: 2023916725

Print information available on the last page.

WestBow Press rev. date: 12/14/2023

WestBow
PRESS®
A DIVISION OF THOMAS NELSON
& ZONDERVAN

DEDICATED TO MY HEAVENLY FATHER WHO WAS ALWAYS THERE WHEN DADDY COULD NOT BE THERE. TO OUR GRANDCHILDREN, GREAT GRANDBABY, CHILDREN IN OUR FAMILIES, GOD CHILDREN, AND CHILDREN AROUND THE WORLD WHO ARE MISSING THEIR DADDIES.

Hello! My name is Dessy, and this is my friend E-mo. Would you like to be our friend? You can be our friend too. What is your name? So nice to meet you. How do you do?

Hola, me llamo Dessy y este es E-mo mi amigo. ¿Te gustaría ser nuestro amigo? ¡Tú también puedes ser nuestro amigo! ¿Cómo te llamas? Encantado de conocerte. ¿Cómo estás?

"E-mo, can you tell our new friend what a friend is?"

"A friend is a person who cares about you."

"Friends talk to each other. Friends play together. Friends help each other too. Friends do not get into trouble at all. Best friends are always fun to be with, Dessy, just like you and me. We're BFFs—best friends forever. Your sister is your best friend too!"

"E-mo, ¿puedes decirle a nuestro nuevo amigo qué es un amigo?"

"Un amigo es una persona que se preocupa por ti."

Los amigos hablan entre ellos. Los amigos juegan juntos y también se ayudan entre sí. Los amigos no se meten en problemas en absoluto. Siempre es divertido estar con los mejores amigos. Dessy, como tú y yo, ¡BFF para siempre! Tu hermana también es tu mejor amiga!

Sometimes I feel happy; sometimes I feel sad.

Sometimes I feel silly, and sometimes I get mad.

Sometimes I am very happy. I get excited when I think about my dad. I have the best dad in the whole wide world. He is a real super-duper hero. He really makes me glad.

A veces me siento feliz y a veces estoy triste. A veces me siento tonto y a veces me enojo. A veces me siento muy feliz. Estoy absolutamente emocionado cuando pienso en mi papá. Tengo el mejor papá del mundo entero. Un verdadero super héroe. Realmente me alegra.

Your Child's Daily Emotional Checkup

My friend, how do you feel today?

I feel ...

Seguimiento Diario de la Salud Emocional de su Hijo

Amiga/o, ¿cómo estás?

Siento...

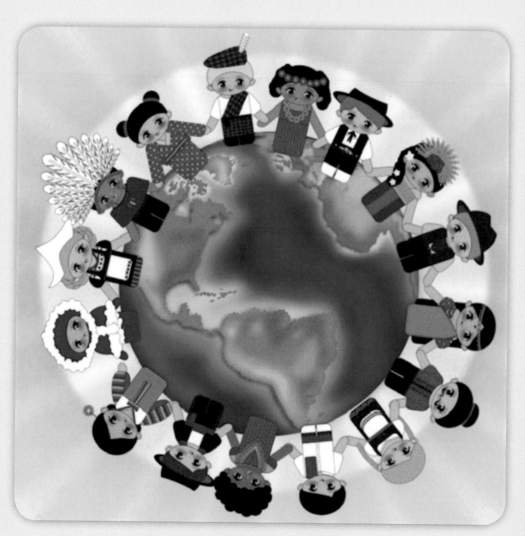

Mommy says children all over the world ask this same question to their mommies. What about you? Do you miss your daddy too?

Mamá dice que los niños de todo el mundo le hacen a sus mamás la misma pregunta. ¿Tú también extrañas a tu papá?

- 👀 American 🇺🇸 Mommy where is Daddy?

- 👀 Spanish 🇦🇷 ¿Dónde está mi papá?

- 👀 Hebrew 🇮🇱 ?מאמי, איפה אבא שלי

- 👀 Afrikaans 🏴 Mamma, waar is my pappa?

- 👀 French 🇫🇷 Maman, où est mon Papa ?

- 👀 Italian 🇮🇹 Mamma, dov'è il mio papà?

- 👀 Irish 🇮🇪 Mamaí, Cá bhfuil mo Dhaidí?

- 👀 Haitian 🇭🇹 Manmi, kote papam ye?

- 👀 German 🇩🇪 Mama, wo ist mein Papa?

- 👀 Chinese 🇨🇳 Māmā, wǒ bàba ne?

Mommy, go to Google Translate (translate. google.com). The question "Mommy, where is Daddy?" can be translated into many languages for your child to listen to. It is free.

Con la ayuda del traductor de Google la pregunta "Mami, ¿dónde está Papá?" puede traducirse en muchos idiomas y ser escuchado por su hijo. Es un recurso gratuito.

"Mommy, where is Daddy? Mommy, when is Daddy coming home? Why did Daddy leave me? Why did he have to go? Was it because he does not love me? It is all my fault, I know!"

She whispers in my ear, "I am here, my precious child. I am not going anywhere. I love you with all my heart."

¿Mami dónde está Papi? ¿Mami cuándo volverá Papi a casa? ¿Por qué Papá me dejó? ¿Por qué se tuvo que ir? ¿Fue porque no me ama? ¡Todo es culpa mía, lo sé!

Ella susurró en mi oído: "Estoy aquí mi preciosa niña. No iré a ninguna parte. Te amo con todo mi corazón."

Let's have some fun and play. Can you find the five circles of my face? Can you name the shapes? I feel so happy playing with you!

Divirtámonos y juguemos. ¿Puedes encontrar los cinco círculos de mi cara? ¿Puedes nombrar las formas? ¡Me siento tan feliz jugando contigo!

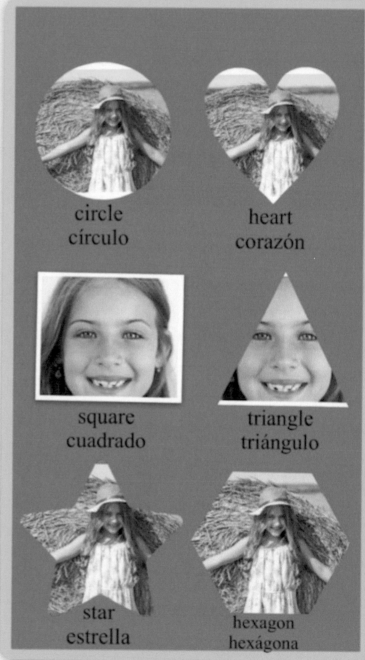

circle
círculo

heart
corazón

square
cuadrado

triangle
triángulo

star
estrella

hexagon
hexágona

Let's learn our alphabets.

Aprendamos nuestros alfabetos.

Aa alligator	**Bb** bear	**Cc** cow	**Dd** donkey	**Ee** elephant	**Ff** flamingo
Gg goat	**Hh** horse	**Ii** iguana	**Jj** jaguar	**Kk** kangaroo	**Ll** lion
Mm macaw	**Nn** newt	**Oo** orangutan	**Pp** panda	**Qq** quail	**Rr** rabbit
Ss sheep	**Tt** tiger	**Uu** urial	**Vv** vole	**Ww** whale	**Xx** x-ray tetra
Yy yak	**Zz** zebra				

Let's learn our numbers too. This is so much fun learning with you.

Aprendamos nuestros números también. Esto es muy divertido aprender contigo.

Every night I say my prayer: "Now I lay me down to sleep. I pray the Lord my dad He will bring. When I awaken, I hope one thing—that Daddy's home with me for keeps. Amen."

Todas las noches digo mi oración... Ahora me acuesto a dormir. Ruego al Señor que me traiga mi papá. Cuando despierto, espero una cosa: que Papá esté en casa conmigo, para siempre. Amén.

When I am angry and begin to yell, Mommy hugs me tightly and says, "Mommy understands." Before I know what is happening and before I can dry my eyes, Mommy has given me a giant piece of my favorite cherry pie.

Cuando estoy enojado y empiezo a gritar, antes de saber lo que me está pasando y antes de que pueda secarme los ojos, Mamá ya me ha comprado un trozo gigante de mi pastel de manzana favorito.

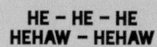

HE – HE – HE
HEHAW – HEHAW

When I do not care and act as stubborn as a mule, Mommy sneaks up and tickles me. This is how she says I can be: in the blink of an eye, I go from whiney to saying, "Whinny– whinny, hee, hee, hee! Hee-haw, Hee-haw!" Ha ha ha! That's me!

Cuando no me importa y actúo tan terco como una mula, Mamá se escabulle y me hace cosquillas. Una mula es un animal terco. Así es como ella dijo que puedo ser. En un abrir y cerrar de ojos paso de lloriquear a whinny – whinny, iji, ji, ji! hee-haw, hee-haw... ¡¡¡Ja, ja, ja, ese soy yo!!!

And sometimes I miss him so much I just want to scream and scream, stomp my feet, hit my big sister, and just be mean!

Mommy says, "It is not nice to hit your sister. Say 'I am sorry' right away."

More hugs and a whole lot of kisses Mommy gives and gives and gives.

¡A veces lo extraño tanto! Solo quiero gritar y gritar. Pataleo, golpeo a mi hermana grande. ¡Solo sé ser mala!

Mami dice que no es agradable golpear a tu hermana y que diga lo siento de inmediato.

Abrazos y muchos besos que Mamá da y da y da.

Mommy, you can help when your child is feeling sad. To help your child cope, listen, listen, listen!

Mami usted puede ayudar cuando su hijo se siente triste. Ayude a su hija/hijo a sobrellevar: **escuche, escuche, escuche.**

"Mommy, where's Daddy? Daddy means the world to me!" Ice cream cones and ices he would always buy for me. I miss Daddy for the holidays and my birthday. Great big presents and little ones, too, he would always bring.

¿Mami dónde está Papi? ¡Papá significa el mundo para mí! Conos de helado y helados, siempre me los compraba. Extraño a Papá por las vacaciones y mi cumpleaños. Grandes regalos y pequeños también, siempre traía.

When Daddy pushed me so very high on the swings, I felt like I could really fly. Oh, what fun when he would push me higher. "Higher, Daddy!" I'd cry. "Wow! I can touch the sky."

Papi me empujaba muy alto. Sentía que realmente podía volar. Oh, qué divertido cuando me empujaba, "¡Más alto, más alto Papi! Wow, puedo tocar el cielo."

We took car rides to the zoo
to see the great big elephants,

Me llevaba al zoológico para ver
grandes, grandes elefantes...

silly monkeys, / mono tontos...

and scary lions too.

tall giraffes, /jirafas altas...

y leones aterradores también.

My daddy is very, very strong. He is able to make big, scary animals seem so small. With Daddy beside me, I am not afraid of them, not even a tiny bit. Why, I am not afraid of them at all.

Mi papá es muy, muy fuerte. Con Papá a mi lado, los animales grandes y aterradores parecen tan pequeños. No les tengo miedo, ni siquiera un poquito. No les tengo miedo en absoluto.

Little Dessy finds the absence of her daddy from the home unbearable. She unceasingly questions "Mommy, where's Daddy? When is Daddy coming home?" As Dessy's tamtrums escalate, mommy is at her wits' end. I miss sitting on his lap, laughing as he tickled me. Mommy slowly walks toward me. Her face is so close to mine. I can see that Mommy misses Daddy too. This time I give Mommy a great big hug. That's the only thing that I can do! Then we have fun blowing bubbles.

La pequena Dessy encuentra insoportable la ausencia de su padre en la casa. Ella pregunta incesantemente, Mami, ¿dónde está Papi? ¿Cuándo volverá Papi a casa? Extraño sentarme en su regazo, reírme mientras me hacía cosquillas. Mami caminó lentamente hacia mí. Su cara estaba tan cerca de mí que podía ver que ella extrañaba a Papi también. Los abrazos de Papi, sus besos, su fuerza, Papi proveyéndonos, qué iba Mami a hacer. Esta vez le di a Mami un gran abrazo. ¡Eso es lo único que pude hacer! Luego nos divertimos soplando burbujas.

That night, I am very, very, very good. I take my bath. I brush my teeth. But Mommy does not read any of my favorite books. She has a special surprise. "Look ... Look ... Look!"

The B-I-B-L-E. "The Bible!" The Bible, she says, is the book for me. This was the Bible that her mother gave to her when she was little. Mommy says it is God's love letter to me. It tells me about how He loves Mommy, Daddy, and me. Mommy reads the Bible to me. The words sound so comforting: "Our Father Who art in heaven ..."

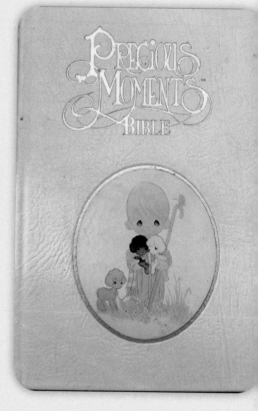

"I have a Father in heaven?" I ask.

"Yes, you certainly do," Mommy says.

Esa noche estaba muy, muy, muy buena. Tomé mi baño. Cepillé mis dientes. Pero Mami no leyó ninguno de mis favoritos libros. Ella tuvo una sorpresa especial. **Mira... Mira... Mira...**

La Bi-bli-a. La Biblia! La Biblia, dijo ella que es el libro para mí. Esta fue la Biblia que su madre le dio cuando era pequeña. Mami dice que es la carta de amor de Dios para mí. Me habla de cómo Él nos ama a Mamá, a Papá, a mi hermano y a mí. Mami me leyó la Biblia. Las palabras sonaban tan consoladoras... "Padre nuestro que estás en los cielos..." "¿Tengo un padre en el cielo?" "Sí, ciertamente lo tienes."

She then read to me Isaiah chapter 9, verse 6.

Mommy told me that Christmas is Jesus's birthday. She said this verse will tell me who Jesus is.

"For unto us a child is born. And His Name shall be called...

Wonderful, Counsellor, The Mighty God,

The Everlasting Father, The Prince of Peace"

Mommy said that Jesus and the Father are One! She explained that Jesus is in the Father and the Father is in Him.

Quoted Bible Scripture Isaiah 9:6KJV

Luego me leyó Isaías capítulo 9, versículo 6.

Mamá me dijo que la Navidad es el cumpleaños de Jesús. Ella me leyó...

"Porque a nosotros nos ha nacido un niño. Y su Nombre será llamado...

Maravilloso, Consejero, El Dios Fuerte,

El Padre Eterno, El Príncipe de Paz"

¡Jesús y el Padre son Uno!

Ella explicó que Jesús está en el Padre y el Padre está en Él.

She tells me, our Heavenly Father, is omnipresent.

"Om ... om ... omknee who?"

"Omnipresent."

That means He is everywhere. There is no place He cannot

be! Woohoo! Father God is everywhere, everywhere He can be, because He has the whole world in His hands. Can't you see?

O-m-n-i-p-r-e-s-e-n-t

Om-ni-pre-sen-te

Mami me dijo que nuestro Padre Celestial es Om-ni-pre-sen-te.

"Om... om... om-ni... ¿qué?"

"Omnipresente".

Eso significa que él está en todas partes. ¡No hay lugar donde Él no pueda estar! ¡Guau! El Padre Dios está en todas partes, en todas partes donde puede estar. **Porque Él tiene el mundo entero en Su mano... ¿Puedes imaginarlo?**

Together, Mommy, my sister and I kneel by my bed. On bended knees, bowing our heads, we speak quietly. This prayer really comforts me.

"Thank You, Lord, for my daddy. Keep him safe with You, wherever he may be. Mommy says You are my heavenly Daddy and that You will never leave me. God bless Mommy, God bless my sister, God bless me, and please God bless my daddy, wherever he may be."

I gave my sister my teddy bear to help her go to sleep. That night I don't cry at all for Daddy.

Mamá, mi hermana y yo nos arrodillamos junto a mi cama. Así, de rodillas, inclinando la cabeza, hablamos en silencio. Esta oración realmente me consoló.

"Gracias Señor por mi papi. Mantén a mi papá a salvo contigo, dondequiera que esté. Mami dice que eres mi papi celestial y que lo harás. Nunca me dejes."

Dios bendiga a Mami, Dios bendiga al hermana, Dios me bendiga, y por favor que Dios bendiga a mi papá, donde quiera que esté. Le di a mi hermana mi osito de peluche para ayudarla a dormir. Esa noche no lloré en absoluto por Papá.

Mommy says God made the world, the moon, and the stars. She says He made them just to smile at me. Mommy says beyond the zillions of stars and that bright shining moon is my heavenly Daddy who always watches over me.

Mami dijo que Dios hizo el mundo entero e hizo la luna y las estrellas. Ella dijo que los hizo solo para sonreírme. Mami dice que más allá de los trillones de estrellas y ese resplandor brillante de la luna, es mi Papi Celestial quien siempre vela por mí.

The Bible says, "Yes, Jesus loves me." Well, I love You too, Jesus. Thank You for my daddy. I know he is safe with You!"

también La Biblia dice: "Sí, Jesús me ama". Bueno, yo te amo Jesús, gracias por mi papi...

¡Sé que está a salvo contigo!!!

The End
Fin

Helping Your Child Cope

When your child experiences fear due to separation from their father, you will have to help them cope. Death, abandonment, hospitalization, military deployment, incarceration, a business trip, or any type of separation can be distressing for your child. Be honest, and reassure them that they are loved and that you are not going anywhere.

When a parent has died, it is difficult and scary for your child. Other close relationships like siblings, grandparents, uncles and aunts, cousins, close family friends, or even their teacher may die. Make sure everyone tells the same story. Your child will have many questions and will need to talk.

- Be honest with your child. If the parent died tragically, tell the truth. Be careful not to give all the details. For example, say, "A bad man hurt Daddy, and he died."

- Explain to your child what a funeral is. For example, say, "It is when you say goodbye." If the child is old enough, let them decide whether they want to attend. Make sure your child understands their daddy is never going to come back. For example, you can compare their parent's death to the death of a pet or goldfish.

Abandonment is when a parent walks away and chooses not to be involved in the child's life. They willfully withhold physical, emotional, and financial support from a minor child. For your child, it is as if the parent has died.

1. When your child keeps bringing it up, it is time for you to talk about it. Listen and allow your child to express their feelings.

2. Above everything, reassure your child that you love them and you are not going to leave them.

Helping Your Child Cope

Be sure everyone is telling the same story.

Daddy ...

_____

_____

_____

_____

_____

_____

Mommy's so sorry that Daddy is not here.

Ayudando a su Hijo a Enfrentar

Cuando su hijo experimente miedo a la separación de su padre, tendrá que ayudarlo a sobrellevar la situación. La muerte, el abandono, la hospitalizacion, despliegue militar, el encarcelamiento, el viaje de negocios o cualquier tipo de separación puede ser angustiante para su hijo. Sea honesto, asegúrele que es amado y que usted no se irá a ninguna parte.

Cuando un padre muere, es difícil para su hijo. Puede sentir que hermanos, abuelos, tíos y tías, primos, amigos cercanos de la familia o incluso su maestro también pueden morir. Asegúrese de que todos cuenten la misma versión de los hechos. Su hijo tendrá muchas preguntas y necesitará hablar.

- Sea honesto con su hijo. Si el padre murió trágicamente, diga la verdad. Tenga cuidado de no dar todos los detalles. Por ejemplo diga: "Un hombre malo hirió a Papá y murió".

- Explíquele a su hijo qué es un funeral. Por ejemplo: "Es cuando dices adiós". A los niños con edad suficiente les permiten decidir si quieren asistir. Asegúrese de que su hijo comprenda que su papá nunca volverá. Por ejemplo ilustre con una mascota o un pez dorado que ha muerto.

El abandono ocurre cuando un padre se aleja y elige no involucrarse. De manera intencional retiene el apoyo físico, emocional y financiero de un niño menor de edad. Es lo mismo para su hijo que si el padre hubiera muerto.

1. Cuando su hijo lo mencione, es hora de que hable de ello. Escuche y permita que el niño exprese sus sentimientos.

2. Por encima de todo, asegúrele a su hijo que lo ama y que no lo va a dejar.

Ayude a su hijo o hija a sobrellevar la situación

Asegúrese de que todos estén contando la misma versión de los hechos.

Papá...

_____

_____

_____

_____

_____

_____

Mamá lamenta mucho que Papá no esté aquí.

Parental Wellness

About the Author

Louise Guillebeau Wade is the author of *For This Purpose*. A retired registered nurse, she holds a bachelor's degree in theology from Logos Bible College and a doctorate of humane letters from Friends International Christian College. She and her husband of fifty years, Rev. Dr. George Wade, Esq., have four adult children, eight grandchildren, and one great-grandchild. She cohosted the television program *Agape Speaks*.

HOW CAN WE HELP?
COMO PODEMOS AYUDAR?
Contact/Contacto

TRIUMPHANT AGAPE HOUSE OF PRAYER
CASA DE ORACION AGAPE TRIUNFANTE

136 West Fulton Street
Roosevelt, New York 11575

FREE LEGAL CONSULTATION
CONSULTA LEGAL GRATUITA
Call/Llamar 1 516 448-7705

FOOD PANTRY
DESPENSADE ALIMENTOS
Client's Choice by Appointment. Eleccion
del cliente con cita previa
Call/Llamar 1 516-448-7705

PRAYER LINE ENGLISH
Call 1 516 477-2900

LINEA DE ORACION ESPANOL
Llamar 1 516 916-3476

FREE BIBLE WITH BOOK PURCHASE. While
supplies last, one per household.
BIBLIAS GRATIS CON LA COMPRA DEL LIBRO.
Hasta agotar existencias, una por hogar.
Call/Llamar 1 516 477-2900

Printed in the United States
by Baker & Taylor Publisher Services